Dahis y al-Ghabra`a
Obra de teatro

Para ver la obra:
Dahis y al Ghabra`a

Escanea el código QR

Dr. Sultán bin Muhammad Al Qasimi

Dahis y al-Ghabra`a

Obra de teatro

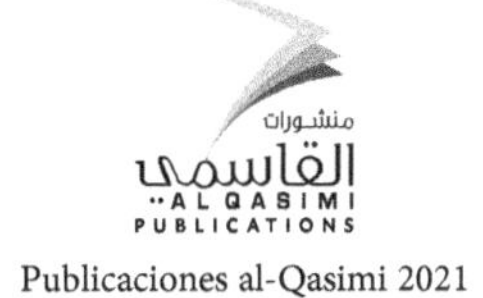

Publicaciones al-Qasimi 2021

Título del libro: Dahis y al-Ghabra`a (Obra de teatro)
Nombre del autor: Dr. Sultán bin Mohammed Al-Qasimi
(Emiratos Árabes Unidos)
Nombre del editor: Publicaciones al-Qasimi
Sharjah, Emiratos Árabes Unidos
Edición: Primera
Año de publicación: 2021
© Derechos reservados:
Reservados a publicaciones al-Qasimi
Sharjah, Emiratos Árabes Unidos

Traducida del árabe Por: Mohamad Nazir Homsi
Texto revisado por: Iván de la Rosa Vives

ISBN 978-9948-469-24-7
Autorización de impresión:
Consejo de medios nacionales Abu Dhabi
No. MC-03-01-9121033, fecha: 02-04-2021
"El grupo de edad que corresponde al contenido de los libros ha sido clasifi-
cado según el sistema de clasificación por edades publicado por
el Consejo Nacional de medios"
El grupo de edad: E
Casa de impresión: AL Bony Printing Press,
Sharjah, Emiratos Árabes Unidos

Publicaciones Al Qasimi, Al Tarfa, Sheikh Mohammed Bin Zayed Road
PO Box 64009 Sharjah, Emiratos Árabes Unidos
Tel: 0097165090000, Fax: 0097165520070
Correo electrónico: info@aqp.ae

Índice

Reparto: 7

Lugar: 9

Fecha: 9

Primera escena   11

Segunda escena   15

Tercera escena   19

Reparto:

Narrador

Un grupo de caballeros

Bani Zebian:

Un grupo de caballeros de Bani Zebian

Hamal Ibn Badr

Un amigo de Hamal Ibn Badr

Huzaifa Ibn Badr (hermano de Hamal Ibn Badr)

Un grupo de seguidores de Hamal y Huzaifa

Uno de los seguidores

Bani Abbs:

Un grupo de caballeros de Bani Abbs

Qais Ibn Zuhair

Vanguardias de Bani Abbs

Malik Ibn Zuhair (hermano de Qais Ibn Zuhair)

Voces (un grupo)

Un caballero

Sonido de llamada a la oración

Voz en off

Lugar:

La región de Qassim, donde está la tribu Ghatafan, con sus linajes, Abbs y Zebian.

Campamento de Bani Zebian.

Campamento de Bani Abbs.

Fecha:

Cincuenta años antes de la misión del profeta Mahoma (la paz sea con él).

Primera escena

Narrador:

Lugar: la región de Qassim, donde está la tribu Ghatafan, con sus linajes, **Abbs** y **Zebian**.

Fecha: Cincuenta años antes de la misión del Mensajero, que la paz y las bendiciones sean con él.

Un desierto vacío excepto por una tienda beduina

Se escuchan cascos de caballos golpeando el suelo.

De la tienda salen dos hombres, uno de los cuales se apresura hacia su caballo y se prepara para cabalgarlo. Es al-Ghabra`a con su color polvoriento y su dueño es Hamal Ibn Badr de Bani Zebian.

De lejos viene Qais Ibn Zuhair de Bani Abbs a lomos de su caballo Dahis, y a la velocidad del rayo pasa por delante de Hamal Ibn Badr y de su amigo.

Aquí Hamal Ibn Badr le pregunta a su amigo, diciendo:

Hamal Ibn Badr: ¿Quién es este hombre?

El amigo: Es Qais Ibn Zuhair, uno de tus primos de Bani Abbs.

Hamal Ibn Badr: ¿Y qué caballo es ese que nos pasó velozmente?

El amigo: Ese caballo es **Dahis**. No hay otro igual que él.

Qais Ibn Zuhair regresa en su caballo pavoneándose en su paso, hasta que alcanza a los dos hombres y luego se baja.

Qais Ibn Zuhair (preguntando): ¿Quién es?... ¡¡¡Hamal Ibn Badr al-Zebiani!!!

Hamal Ibn Badr: Buenos días primo.

Qais Ibn Zuhair: ¿Quién es esta hermosa yegua?

Hamal Ibn Badr: Es al-Ghabra`a... Nunca participó en una carrera que no ganara.

Qais Ibn Zuhair: No creo que pueda vencer a **Dahis**.

Hamal Ibn Badr: ¿Apuestas?

Qais Ibn Zuhair: ¿Apostar qué?

Hamal Ibn Badr: El que gane de entre estos dos caballos coge cien camellos.

Qais Ibn Zuhair: ¡Apuesto!

Hamal Ibn Badr: ¿Estás de acuerdo?

Qais Ibn Zuhair: De acuerdo.

(Los dos hombres se dan la mano)

Hamal Ibn Badr: ¿Cuándo comienza la carrera?

Qais Ibn Zuhair: Mañana por la mañana.

Cada uno montó en su caballo, y los dos comenzaron a mostrar la gracia de sus caballos, luego cada uno de ellos se dirigió a su campamento.

El narrador: Qais Ibn Zuhair fue al campamento de Abbs.

Hamal Ibn Badr fue al campamento de Zebian, para que cada uno de ellos informara a su gente sobre dicho acuerdo.

Segunda escena

Ubicación: Al final de la carrera.

Narrador: La carrera empezó hace varios días, porque había una gran distancia.

Los caballos atravesaron el desierto y los bosques.

Estas son las avanzadillas de Bani Zebian procedentes de Occidente y, por delante de ellos, Hamal Ibn Badr con su hermano Huzaifa Ibn Badr, junto con un grupo de sus seguidores.

Uno de los seguidores: ¡Oh, Hamal Ibn Badr! ¿Cuándo esperas la llegada de los persas?

Hamal Ibn Badr: Dentro de poco...

Luego, volviéndose hacia sus seguidores, les dice:

Hamal Ibn Badr: Quiero que os escondáis en esos arrecifes cercanos, y si observáis que Dahis corre por delante de al-Gabra'a en la carrera, asustadlo para que al-Gabra'a se ponga por delante... ¡Vamos! ¡De prisa!

Los seguidores se marchan... Y queda un grupo de Bani Zebian con Hamal Ibn Badr y su hermano Huzaifa Ibn Badr

Narrador: Estas son las avanzadillas de Bani Abbs que vinieron de Oriente. Están dirigidos por Qais Ibn Zuhair al-Abbsi junto a su hermano Malik Ibn Zuhair al-Abbsi.

Voces (más fuerte): Llegó al-Ghabra'a... Llegó al-Ghabra'a...

Así, al-Gabra'a llega al final de la carrera. Entonces los de Bani Zebian felicitan a Hamal Ibn Badr.

Poco después llega Dahis y se dirige a la reunión de Bani Abbs y su jinete grita:

Qais Ibn Zuhair: ¡Yo iba delante de él! Pero un grupo de Bani Zebian que se escondía entre los arbustos del desierto asustaron a mi caballo Dahis para que al-Ghabra'a le tomase la delantera. ¡Es una traición! ¡Una traición y un engaño!

Narrador: En ese momento Huzaifa Ibn Badr al-zabiani dice:

Huzaifa Ibn Badr: ¡Oh, Qais Ibn Zuhair! Vosotros sois maestros de la traición y el engaño.

Narrador: Huzaifa Ibn Badr avanza hacia Qais Ibn Zuhair, repitiendo estas palabras:

Huzaifa Ibn Badr: Vosotros sois maestros de la traición y el engaño... Sois maestros de la traición y el engaño.

Qais Ibn Zuhair: ¡Regresa, Huzaifa Ibn Badr!

Narrador: Pero Huzaifa Ibn Badr desafía a Qais Ibn Zuhair.

(Los dos pelean)

En este momento, Qais Ibn Zuhair ataca a Huzaifa y lo mata.

Bani Zebian (gritando exaltado): ¡Huzaifa Ibn Badr, hermano de Hamal Ibn Badr, ha sido asesinado!

¡Huzaifa Ibn Badr, ha sido asesinado!

Narrador: La tribu de Bani Zebian atacó a la tribu de Bani Abbs, y tuvo lugar una pelea en la que Malik Ibn Zuhair, hermano de Qais Ibn Zuhair, fue asesinado.

Bani Abbs (gritando exaltado): ¡Malik Ibn Zuhair, hermano de Qais Ibn Zuhair, ha sido asesinado!

¡Malik Ibn Zuhair, ha sido asesinado!

Narrador: La tribu de Abbs se llevaron los restos mortales de su hombre, Malik Ibn Zuhair, hasta el campamento de Bani Abbs.

Y a su vez, la tribu de Zebian transportaron los restos mortales de su hombre, Huzaifa Ibn Badr, hasta el campamento de Bani Zebian.

(Sonidos fúnebres)

Tercera escena

Narrador: La guerra duró cuarenta años y esta fue una de las batallas.

Un grupo de Bani Abbs avanzando desde el Este y un grupo de Bani Zebian avanzando desde el Oeste.

La ropa de ambos grupos era colorida, pero con forros blancos así como las capas estaban también forradas con una tela blanca.

Comienza la batalla

Se oyen ruidos de sables y relinchos de caballos.

Entonces se escucha la llamada a la oración:

(El sonido de la llamada a la oración: ¡Alá es más grande! Hasta el final de la llamada a la oración)

Y mientras continúa la llamada a la oración...

Las espadas se levantan y luego se clavan en la tie-

rra, y los hombres se arrodillan mientras sostienen los puños de las espadas.

Tan pronto como terminó la llamada a la oración, los hombres voltearon sus ropas y capas y sacaron el lino blanco.

Los hombres dejan las espadas en el suelo y dirigen su mirada en la dirección de la oración (Quibla), levantando las manos en señal de súplica.

Grupo de hombres: Alá es más grande, grande y gloria a Alá al principio y al final del día.

(Y la súplica se completa hasta el final)

Una voz en off viene directamente después de esa súplica.

Voz en off: ¡Oh, pueblo! El profeta, la paz y las bendiciones sean con él, dice:

"No es de nosotros, quien propugna el fanatismo

No es de nosotros, quien pelea por fanatismo

No es de nosotros, quien muera siendo fanático".

¡Oh, pueblo! El profeta, la paz y las bendiciones sean con él, dice:

"¡Oh, pueblo! Alá les ha quitado la arrogancia y el orgullo que prevalecieron durante los días de la ignorancia y su grandeza a través de sus padres, por lo que los seres humanos son uno de estos dos: justos, piadosos, generosos con Alá, y miserables, inmorales, fáciles con Alá, y la gente son los hijos de Adán, y Adán fue creado con arcilla".

¡Oh, pueblo! El profeta, la paz y las bendiciones sean con él, dice:

«¡Oh, pueblo! Vuestra sangre y vuestro dinero están prohibidos entre vosotros, hasta que regreséis a vuestro Señor, igual que la prohibición de vuestro día en este día, e igual que la prohibición de este vuestro mes, y que os encontraréis con vuestro Señor y él os preguntará acerca de vuestro trabajo.

¿Os he informado no?

(Ellos dicen que sí)

Dijo: ¡Oh, Alá! Eres tú el testigo.

Y ahora el que oyó contarles a los ausentes.

No sean infieles después de mí... Los unos matan a los otros.

Los hombres se alinean como si fueran una estructura compacta y avanzan, blandiendo sus espadas, cantando

Grupo de hombres:

Alá es más grande Alá es más grande Alá es más grande, no hay más dios que Alá

Alá es más grande, Alá es más grande y alabanza a Alá.

Alá es más grande, grande, alabado sea Alá.

Gloria a Alá, el Todopoderoso, día y noche

No hay dios sino solo Alá, prometió y cumplió su promesa.

Elevó el estatus de sus soldados, y solo él derrotó a los coligados.

No hay más dios que Alá, y solo a él lo adoramos.

Cumplió su promesa, a pesar de los incrédulos.

Fin